THE BLACK CAT CONSTELLATION

LA CONSTELACIÓN DEL GATO NEGRO

THE BLACK CAT CONSTELLATION

LA CONSTELACIÓN DEL GATO NEGRO

by

Héctor Carreto

Bilingual edition
Translated from Spanish and edited
by
Arthur Gatti
and
Roberto Mendoza Ayala

Cover illustration by
Renata Contreras Gelinas

Illustrations by
Renata Contreras Gelinas
Ana Cristina Espinosa
and Lucía Izquierdo

PUBLISHING
NEW YORK • MÉXICO

2021

Copyright © 2021 by Héctor Carreto

Cover and interior illustrations Copyright © 2021 by Renata Contreras Gelinas
Interior illustrations Copyright © 2021 by Ana Cristina Espinosa
Interior illustrations Copyright © 2021 by Lucía Izquierdo
All rights reserved. This book or any portion thereof may not be reproduced or used in any manner whatsoever without the express written permission of the publisher except for the use of brief quotations in a book review or scholarly journal.

First printing: 2021

ISBN: 978-1-7337341-9-6

Designed and typeset in New York City by:

Darklight Publishing LLC
8 The Green Suite 5280
Dover, DE 19901

Contents

Author's Note 9

SECTION I   **Savoy Passageway**

The Stuntman 18
La Dolce Vita 20
Nosferatu Castle 24
Drive-In Lilliput Theater 28
New York Movie 30
A Scary Movie 34
The Cinephile 36
Framings of Rita Azevedo Gomes 38
Savoy Passageway 40
The Black Cat Constellation 44

SECTION II   **70 mm**

The Visual Conquest of Space 50

SECTION III   **Scenes Included**

The Monster I 54
The Monster II 56
The Monster III 58
The Monster IV 60
V *Sunset Boulevard* 62
VI Going Down the Stairs 64
VII *Blow Up* 66

VIII *Once Upon a Time in Hollywood* 68
IX *Niagara* 70
X *The Swing* 72
XI *Basic Instinct* 74
XII *Elegy* 76
XIII *Enemy* 78
XIV *Blade Runner* 80
XV *Landing* 82
XVI *2001: A Space Odyssey* 84
XVII *B.B.* 86
XVIII *Paterson* 88
Georges Méliès Conquers Space..90

SECTION IV   **Iturbide Passageway**

Antennae 96
Cane 98
At Night, Gregor Samsa..100
The Lighthouse 102
Orthopedics 106
The Tower...110
Luciana 114
Iturbide Passageway 118
My Father Visits Me Some Nights.................................120

Notes 125
About the Author..129

Índice

Nota del autor 11

SECCIÓN I   Pasaje Savoy

El doble 19
La Dolce Vita 21
El castillo de Nosferatu 25
Autocinema Liliput 29
New York Movie 31
Film de miedo 35
El cinéfilo 37
Encuadres de Rita Azevedo Gomes 39
Pasaje Savoy 41
La constelación del gato negro 45

SECCIÓN II   70 mm

La conquista visual del espacio 51

SECCIÓN III   Escenas incluidas

El monstruo I 55
El monstruo II 57
El monstruo III 59
El monstruo IV 61
V *Sunset Boulevard* 63
VI Bajando por la escalera 65
VII *Blow Up* 67

VIII *Érase una vez en Hollywood* 69
IX *Niágara* 71
X El columpio 73
XI *Bajos instintos* 75
XII *Elegy* 77
XIII *Enemy* 79
XIV *Blade Runner* 81
XV Descenso 83
XVI *2001: una odisea del espacio* 85
XVII B.B. 87
XVIII *Paterson* 89
Georges Méliès conquista el espacio 91

SECCIÓN IV **Pasaje Iturbide**

Antenas 97
Báculo 99
Por la noche, Gregorio Samsa 101
El faro 103
Ortopedia 107
La torre 111
Luciana 115
Pasaje Iturbide 119
Mi padre me visita algunas noches 121

Notas 127
Acerca del autor 131

Author's Note

THE OPPORTUNITY TO SEE my book under the Darklight Publishing label made it possible for me to work in depth on a project that I wrote with the support of the National System of Art Creators (SNCA), and to which I added four poems published previously in a booklet, *Incubus*. I have also included a few more poems that I wrote along the way, since they go well with the spirit of this book.

The Black Cat Constellation is a sister of *Naturaleza muerta* (*Still Life*) and *Habitante de los parques públicos* (*Dweller of Public Parks*.) It shares with them the atmosphere, sometimes of twilight, sometimes nocturnal, of a space such as the Historic center of Mexico City. Unlike those titles, in this *Constellation* there is the presence of the cinema as a character, both in the atmosphere of those temples that were the old cinemas, as well as in the recreation of scenes that forged me as a cinephile.

Since three of the four parts of this book are dedicated to the so-called Seventh Art, I invited three illustrators to propose images that would give more visual sense to a subject that basically lies in images: the intention became not only to talk about halls and movies, but to display the show "on the screen."

A couple of poems refer to the work of two painters: *New York Movie* and *The Tower*. In the case of the first, Edward Hopper, I considered that, since it is very well known, it would be unnecessary to incorporate a reproduction. The second one is a drawing by the renowned Mexican artist Fernando M. Díaz, which I do not include here because it is lost.

H. C., SPRING OF 2021

Nota del autor

LA OPORTUNIDAD DE VER mi libro bajo el sello editorial de Darklight Publishing hizo posible trabajar a fondo un proyecto que escribí con el apoyo del Sistema Nacional de Creadores de Arte (SNCA), y al que agregué cuatro poemas ya publicados en un cuadernillo, *Incubus*. También incluí unos cuantos poemas más que escribí en el camino y que van con el espíritu del libro.

La constelación del gato negro es hermana de *Naturaleza muerta* y de *Habitante de los parques públicos*. Con ellos comparte la atmósfera, a veces crepuscular, a veces nocturna, del espacio que es el Centro Histórico de la Ciudad de México. A diferencia de esos títulos, en esta *Constelación* está la presencia del cine como personaje, tanto en la atmósfera de esos templos que eran los viejos cines, como en la recreación de escenas que me han formado como cinéfilo.

Puesto que tres de las cuatro partes del libro están dedicadas al llamado Séptimo Arte, invité a tres ilustradoras a que propusieran imágenes que le dieran más sentido visual a un tema que radica, básicamente, en imágenes: la intención se convirtió no únicamente en hablar de salas y películas, sino en mostrar el espectáculo "en pantalla".

Un par de poemas se refiere a obras de dos pintores: *New York Movie* y *La torre*. En el caso del primero, Edward Hopper, consideré que, por ser muy conocida, sería innecesario incorporar una reproducción. La segunda obra es un dibujo del reconocido artista mexicano Fernando M. Díaz, que no incluyo porque se encuentra extraviada.

H. C., PRIMAVERA DE 2021

THE BLACK CAT CONSTELLATION

LA CONSTELACIÓN DEL GATO NEGRO

This book was written with the support of SNCA
Este libro se escribió con el apoyo del SNCA

SECTION I

SAVOY PASSAGEWAY

PASAJE SAVOY

Everything in the old cinemas tastes like a ship:
there is urine that impregnates
the sad tiles; blasphemies and prayers
on salty walls
and legions of rats
fighting, like the other heroes,
a pitched battle against the gatomachy.

(from *La armada invencible*)
VICENTE QUIRARTE

Todo en los viejos cines sabe a barco:
hay orines que impregnan
el azulejo triste; blasfemias y oraciones
en salitrosos muros
y legiones de ratas
que libran, como los otros héroes,
batalla campal contra la gatomaquia.

(de *La armada invencible*)
VICENTE QUIRARTE

THE STUNTMAN

As I drink coffee and go through the morning papers
the *other* ties my tie
                       and he goes out to fulfill my routine.

To be clear:
       I'm not exposing my subconscious
nor do I use rhetoric
or metaphysical tricks:

Like in the movies
               I pay a stuntman
to grow old behind the windows
so that they assault him in the subway tunnels
so that he smiles when being despised
and answers submissively
when the giants call out my name.

At night he is accountable to me.
He always looks overwhelmed
and never seems satisfied with his pay.

His eyes
     haunt me with anger
and then a deep fear invades me
that things will change
that suddenly a hand
                 will reverse the roles.

EL DOBLE

Mientras bebo café y repaso los diarios matutinos
el *otro* se anuda mi corbata
                y sale a cumplir mi rutina.

Aclaro:
        No estoy exponiendo a mi subconsciente
ni me valgo de retórica
o de trampas metafísicas:

Le pago a un doble
               como en el cine
para que envejezca tras las ventanillas
para que a él lo asalten en los túneles del metro
para que sonría cuando lo devalúen
y responda sumiso
cuando los gigantes griten mi nombre.

De noche me rinde cuentas.
Su rostro siempre se muestra agobiado
y jamás parece satisfecho de su paga.

Sus ojos
       me acechan con ira
y entonces me invade un profundo temor
a que las cosas cambien
a que de pronto una mano
                    invierta los papeles.

LA DOLCE VITA

In memory of my friend Zenteno "El Calabaza"

To run away from my daily misfortunes
I immerse myself in a movie theater pond.
Seated
        I wait for the spring
                of images.

I seek a scene
        "that pulverizes my eyes."

A woman in flames

        without heels
                gets into the Trevi Fountain
and turns into platinum the drops that sprinkle
                that dancing torch.

LA DOLCE VITA
En recuerdo de mi amigo Zenteno, "El Calabaza"

Para huir de mis desgracias cotidianas
me sumerjo en el estanque de un cine.
Sentado
        aguardo el manantial
                de imágenes.

Busco una escena
        "que pulverice mis ojos".

Una mujer en llamas

            sin los tacones
                se mete en la Fuente de Trevi
y transforma en platino las gotas que mojan
                a esa antorcha que baila.

The Black Cat Constellation / *La constelación del gato negro*

NOSFERATU CASTLE

To Alberto de la Fuente

At the end of the street
                flickering letters
                          glow
on a marquee:
an old cinema woke up at sunset.
Like a citadel
        it defied rubble.

Like someone who asumes a destiny
I let myself be dragged to the window
of a rook or a lighthouse.

Without asking the title
        my hand picked up the ticket.

Between a woman and a girl
                the ticket clerk
–a creature of lunar beauty–
opened the entrance
                to the Gothic hall for me;
she led me through the muddy
                darkness of the hallways.

My steps followed
the taciturn light of her slender legs.

EL CASTILLO DE NOSFERATU

A Alberto de la Fuente

Al final de la calle
                fulguran
                        letras parpadeantes
en una marquesina:
en el ocaso despertaba un viejo cine.
Semejante a un alcázar
                se resistía al escombro.

Como quien asume un destino
me dejé arrastrar hasta la ventanilla
de una torre de ajedrez o de faro.

Sin preguntar el título
                mi mano recogió el boleto.

Entre mujer y niña
                la taquillera
–criatura de belleza lunar–
me abrió la entrada
                al vestíbulo gótico;
me guió a través de la cenagosa
                      oscuridad de los pasillos.

Mis pasos persiguieron
la luz taciturna de sus piernas esbeltas.

Her flashlight split shadows.

Beneath layers of dust
                         each seat
                                          opened its jaws.

I dreamed of coming out entwined into her hand.

The curtains were already awakening
                                    but the young woman?
I only felt the outline of her.

My eager
shoes climbed to the gallery.

Like someone climbing the rope of a well
                                            I reached the top.

It became worse:
                     the ground was so inclined
that I clung to the railing
      –to its bars of smoke–
to avoid sinking into oceans of shadows
into soft walls of sclerotic whiteness
into that giant screen
          that expanded its deceptive geography
and that –then I knew–
would end up devouring me.

Su linterna partió sombras.

Bajo capas de polvo
                cada butaca
                              abrió las fauces.

Soñé en salir trenzado de su mano.

En eso las cortinas ya despertaban
                            ¿y la joven?
Sólo palpé su silueta.

Ansiosos
mis zapatos escalaron a la galería.

Como quien trepa por la cuerda de un pozo
                                    alcancé la cima.

Fue peor:
                    tan inclinado estaba el suelo
que me aferré al barandal
      –a sus barrotes de humo–
para evitar hundirme en océanos de sombra
en muros blandos de blancura esclerótica
en esa pantalla gigante
            que dilataba su engañosa geografía
y que –entonces lo supe–
terminaría por devorarme.

DRIVE-IN LILLIPUT THEATER

The star forgets the script
                             and goes out of frame.
Her foot
        smashes a car
and the drive-in has seizures.

She walks
        through tiny streets
and we
        her parishioners
those who bring her offerings
                    to the temple
we are about to
                get crushed
by her soft sandal.

                Without looking
                    to the ground

Lana del Rey
            walks singing.

AUTOCINEMA LILIPUT

La estrella se olvida del guión
                              y se sale de cuadro.
Su pie
         tritura un coche
y el autocinema sufre convulsiones.

Camina
        por calles diminutas
y nosotros
         sus fieles
que le llevamos ofrendas
                 al templo
estamos a punto
             de ser aplastados
por su suave sandalia.

           Sin mirar
                el suelo

Lana del Rey
           va cantando.

NEW YORK MOVIE*

We enter
         the great hall.

Accomplices of the gloom,
we are wolves craving images.

While a thousand eyes
sink into the untouchable silver hollows,
into the glares of the passing by of chiaroscuros;
while so many pupils jump
on impalpable beings
I look away
                toward the door:

Like he who has an encounter with the Virgin
or Diana the Huntress
              in a forest clearing
                      under a slender beam of light
dripping
            from a high pond
     the usher
looms up:
she is young and jails the gold
of her life under the uniform,
a steely-blue cascade that dies at the ankles.

The loose hair
      —a blond water spring —
can't wet the crestfallen face
as held by her dexterous hand
—the fingers
          barely touch the chin.

*NEW YORK MOVIE**

Pasamos
       a la gran sala.

Cómplices de la penumbra
somos lobos hambrientos de imágenes.

Mientras miles de ojos
se hunden en oquedades de plata intocable
en los reflejos de ese transcurrir de claroscuros;
mientras tantas pupilas saltan
sobre impalpables seres
yo desvío la mirada
                  hacia la puerta:

Como quien se encuentra con la Virgen
o con Diana cazadora
              en un claro del bosque
                           aparece
bajo esbelto chorro de luz
                que gotea
        desde una alta fuente
la acomodadora:
es joven y encarcela el oro
de su vida bajo el uniforme
cascada azul acero que muere en los tobillos.

El cabello suelto
      —manantial de agua rubia—
no alcanza a mojar el rostro cabizbajo
como sostenido por la mano diestra
—los dedos
           apenas tocan la barbilla.

I cannot focus properly
                on her left wrist
the lantern
a brush with golden pigments
traces the path for the footsteps
                        toward dreamy seats.

The back rests on the dry fire of the wall
her heels take root in the carpet.

Nothing moves:
eyes
        seats
                curtains
                        shoes
light
        time.
That constellation is like glassware
on a silver tray
                        held
                        by a hand.

The eyes of the young woman dodge
the celluloid firmament.

¿Is she the frozen star
                        in the foyer night?

*Edward Hopper, *New York Movie* (1939).

The Black Cat Constellation / La constelación del gato negro

No logro enfocar bien
                en su pulso izquierdo
la linterna
pincel con pigmentos áureos
que pinta la ruta de los pasos
                hacia sillones de sueño.

La espalda se apoya en la lumbre seca del muro
los tacones se enraízan en la alfombra.

Nada se mueve:
ojos
    butacas
        cortinas
            zapatos
luz
    tiempo.
Esa constelación es una cristalería
sobre una bandeja de plata
                sostenida
                por una mano.

Los ojos de la joven esquivan
el firmamento de celuloide.

¿Es acaso la estrella congelada
                en la noche del vestíbulo?

*Edward Hopper, *New York Movie* (1939).

A SCARY MOVIE

The night frees me from the workday.

I enter the dream:
I walk through a forest
        up to the doors of a movie theater.

I exist when the spotlights
                fade out
and the projector light beams do not even touch the fabric.

As my pupils dilate
        in horror I discover
                desks instead of seats
these are occupied by the bowed loins
                      of style correctors
and by secretaries absorbed
                in hypnotic machines.

Behind each one of them
                Manager raises
a flaming sword.

Disguised as a butler
                the boss tells me: "welcome."
His eyes, however, reproach me
to step on the threshold of this hall,
for not dedicating these moments of dream
                to the job.

FILM DE MIEDO

La noche me libera de la jornada de trabajo.

Me introduzco en el sueño:
Recorro un bosque
        hasta las puertas de un cine.

Existo cuando los focos
              se extinguen
y los rayos del proyector aún no tocan la tela.

Al dilatarse mis pupilas
      con horror descubro
               escritorios en vez de butacas
ocupados por lomos encorvados
                         de correctores de estilo
y por secretarias absortas
                en máquinas hipnóticas.

Detrás de cada uno
                Gerente levanta
una espada flamígera.

Disfrazado de mayordomo
                el jefe me dice: "bienvenido."
Sus ojos, sin embargo, me reprochan
pisar el umbral de esta sala
por no dedicarle al trabajo
              estos momentos de sueño.

THE CINEPHILE

As I walk
                to the altar
I feel the glassy gaze of the angels
and I think I hear babbling coming
                from their cane-paste lips.

The heavens open
                in the illuminated
                              altarpiece.

Incandescent heels
                come down.

You look at me.
                I ascend.

EL CINÉFILO

Mientras camino
              hacia el altar
siento las miradas de vidrio de los ángeles
y creo escuchar balbuceos
              en sus labios de pasta.

En el retablo iluminado
              se abre
                      el cielo.

Tacones incandescentes
              bajan.

Me miras.
            Me elevo.

FRAMINGS OF RITA AZEVEDO GOMES

Color or black-and-white
the women you see
manifest their beauty
                        when they walk barefoot.
I would not know how to capture
that poetry that precedes writing.
Images that Rita Azevedo Gomes
sets in our pupils.

And you
        cinephile
Why don't you take your glass stilettos off
and discover the smoothness of the polished floor?
Or do you imitate those feet
beautiful as white lions
in *Fragile as the World*
that take
        their high heels off
to go out to step on the grass?
(Foreground scenes.)

After chasing
                      the bare heels
of Rita Murão in *La Portuguesa*
        through a long obsessive frame
I became another.

Did you notice
        the silver fish
                of the Lusitanian queen?

Let us contemplate
                frame
                      by frame
such celluloid's poetry.

ENCUADRES DE RITA AZEVEDO GOMES

A color o en blanco y negro
las mujeres que ves
manifiestan su belleza
                    cuando van descalzas.
Yo no sabría cómo plasmar
esa poesía anterior a la escritura.
Imágenes que Rita Azevedo Gomes
coloca en nuestras pupilas.

Y tú
      cinéfila
¿Por qué no te quitas los *stilettos* de cristal
y descubres la lisura del suelo pulido?
¿O imitas aquellos pies
bellos como leones blancos
en *Frágil como el mundo*
que se desprenden
                  de los tacones
para salir a pisar la hierba?
(Escenas en primeros planos).

Después de perseguir
                  los talones desnudos
de Rita Murão en *La Portuguesa*
     en un largo encuadre obsesivo
me transformé en otro.

¿Te fijaste
      en los peces de plateados
              de la reina lusitana?

Contemplemos
         cuadro
              por cuadro
esa poesía de celuloide.

SAVOY PASSAGEWAY

At dusk I enter the passage.
I step into the mannequin forest
      dresses
                pants
to get to the bottom
                up to the arched door
that advertises: Savoy Cinema
where they exhibit lives in black-and-white
Today *Honeymoon Killers*,
              Yesterday *The Spring of The Maiden*

The screen reproduces our dreams.
Is this the indestructible world
that the Cave did illuminate for us?

While the river of silver
                passes by
we the spectators
        transform ourselves
                into weightless silhouettes.

When the reel ends
I return to the passage of gray tones
among lonely women
        and guys who silently eat
wrist watches with their eyes
              lottery tickets
                    suits on sale
illusions to get a movie life.

PASAJE SAVOY

Al caer la tarde entro en el pasaje.
Me adentro en el bosque de maniquíes
        vestidos
                pantalones
para llegar al fondo
                  hasta la puerta arqueada
que anuncia: Cine Savoy
donde exhiben vidas en blanco y negro
Hoy *Honeymoon Killers*,
        Ayer *El manantial de la doncella*

La pantalla reproduce nuestros sueños.
¿Será el mundo indestructible
que nos alumbró la Caverna?

Mientras el río de plata
                transcurre
los espectadores
           nos transformamos
                      en siluetas sin peso.

Cuando la cinta concluye
retorno al pasaje de tonalidades grises
entre mujeres solas
              y sujetos que en silencio comen
con la vista relojes
                billetes de lotería
                      trajes en oferta
ilusiones para conseguir una vida de película.

I go outside.

Brown cat
        I dissolve
                in the twilight.

Salgo.

Gato pardo
        me disuelvo
                en el crepúsculo.

THE BLACK CAT CONSTELLATION

Hungry for entertainment
                              the cat enters
the shadow empire
                      of the Opera Cinema
an old temple
protected by plaster deities.

With ballerina feet
                  he treads
                              the threadbare carpet
between murmurs of cellophane
                        and dentures with candies.

At his sides, vacant seats alternate
                                  with armchairs with bodies
silhouettes with glowing eyes
                      glances that drink light.

He glides
between soda cans
                  and chocolate wrappers
between taciturn shoes
                  and gardenia-scented heels.

LA CONSTELACIÓN DEL GATO NEGRO

Hambriento de espectáculo
                          el gato entra
en el imperio de sombras
                          del cine Ópera
viejo templo
protegido por deidades de pasta.

Con pies de *ballerina*
                      va pisando
                                    la alfombra raída
entre murmullos de celofán
                             y dentaduras con dulces.

A sus costados se alternan butacas vacantes
                                        y sillones con cuerpos
siluetas con ojos encendidos
                            miradas que beben luz.

Se desliza
entre latas de refresco
                            y envolturas de chocolate
entre zapatos taciturnos
                            y tacones con olor a gardenia.

In the *film noir*
a *femme fatale* crosses one leg
                        then the other.

Before the curtains close

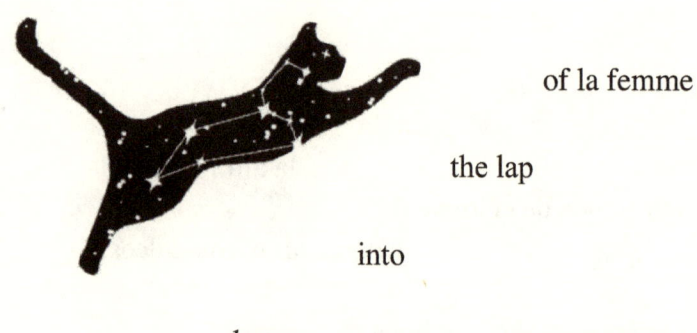

                                                                      of la femme

                                                     the lap

                                    into

                leaps

      the feline

En el *film noir*
una *femme fatale* cruza una pierna
                    después la otra.

Antes de cerrarse las cortinas

                              de la femme

                        el regazo

                  hacia

        salta

   el felino

SECTION II

70 MM

Héctor Carreto

THE VISUAL CONQUEST OF SPACE

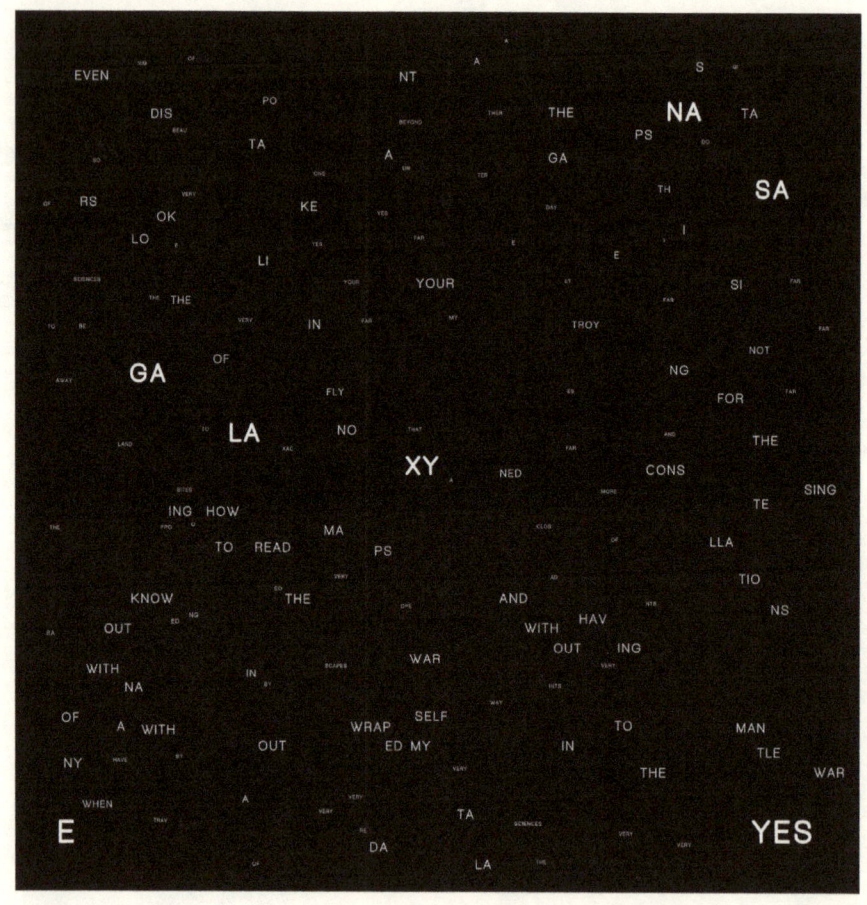

A.C.E.

The Black Cat Constellation / *La constelación del gato negro*

LA CONQUISTA VISUAL DEL ESPACIO

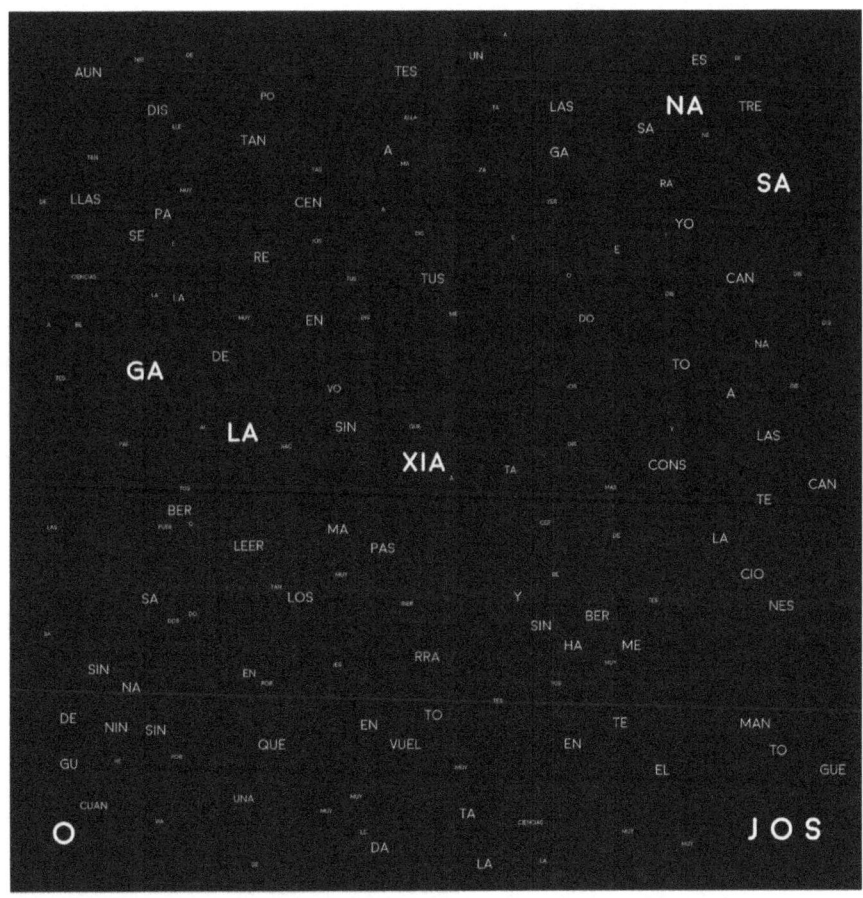

A.C.E.

SECTION III

SCENES INCLUDED

ESCENAS INCLUIDAS

I

THE MONSTER

1

I drive my car.
The monster chases me.

Shall I leave the cinema?

I

EL MONSTRUO

1

Manejo mi auto.
El monstruo me persigue.

¿Salgo del cine?

II

2

I open my eyes.

The ogre on the screen

looks at me too.

II

2

Abro los ojos.

El ogro en la pantalla

también me mira.

III

3

I close my eyes.

The silent monster

enters my dream.

III

3

Cierro los ojos.

El monstruo silencioso

entra en mi sueño.

IV

4

That gorilla

though it's celluloid-made

terrifies me.

IV

4

Ese gorila

aunque es de celuloide

me aterroriza.

V

SUNSET BOULEVARD

The old star

goes down the stairs

into the black hole.

V

SUNSET BOULEVARD

La vieja estrella

baja por la escalera

al hoyo negro.

VI

GOING DOWN THE STAIRS*

Heels clatter

and a tiny golden bracelet

surrounds an ankle.

*Minimal tribute to Guillermo Cabrera Infante.

VI

BAJANDO POR LA ESCALERA*

Suenan tacones

y una esclavita de oro

rodea un tobillo.

*Homenaje mínimo a Guillermo Cabrera Infante.

VII

BLOW UP

Behind the foliage

the camera discovers

a truth.

VII

BLOW UP

Tras el follaje

la cámara descubre

una verdad.

VIII

ONCE UPON A TIME IN HOLLYWOOD

Having taken off her boots

she puts her bare feet

on the seat.

VIII

ÉRASE UNA VEZ EN HOLLYWOOD

Ya sin las botas

pone sus pies desnudos

en la butaca.

IX

NIAGARA

The falls:

blond water falling down.

A Venus of foam.

IX

NIÁGARA

Las cataratas:

agua rubia cayendo.

Venus de espuma.

X

THE SWING

She crosses her leg.

Loose from the heel

the *stilleto*

dangles from her toes

as she happily swings.

X

EL COLUMPIO

Cruza la pierna.

Del talón se desprende

el *stilleto*

que cuelga de los dedos

y alegre se columpia.

XI

BASIC INSTINCT

She crosses one leg.

Under her skirt, a wolf.

She switches legs.

XI

BAJOS INSTINTOS

Cruza una pierna.

Bajo la falda, un lobo.

Cambia de pierna.

XII

ELEGY

He plays the piano.

Naked on the sofa,

she is happy.

XII

ELEGY

Él toca el piano.

Desnuda en el sofá

ella, feliz.

XIII

ENEMY

Am I his double?

A duplicated world?

Am I the other?

XIII

ENEMY

¿Yo soy su doble?

¿Un mundo duplicado?

¿Yo soy el otro?

XIV

BLADE RUNNER

The police officer

fell in love with a replicant.

A doll?

XIV

BLADE RUNNER

El patrullero

amó a una replicante.

¿Una muñeca?

XV

LANDING

The astronauts

came down to Earth

kingdom of apes.

XV

DESCENSO

Los astronautas

bajaron a la Tierra

reino de simios.

XVI

2001: A SPACE ODYSSEY

In the vessel

we travel to Jupiter.

Toward my origin.

XVI

2001: UNA ODISEA DEL ESPACIO

En el bajel

viajamos hacia Júpiter.

Hacia mi origen.

XVII

B.B.

On the table

I see her dancing barefoot.

My eyes sing.

XVII

B.B.

Sobre la mesa

la veo bailar descalza.

Mis ojos cantan.

XVIII

PATERSON

On the bus

I listen to chats.

I set them to verse.

XVIII

PATERSON

En el camión

escucho pláticas.

Las meto en versos.

GEORGES MÉLIÈS CONQUERS SPACE

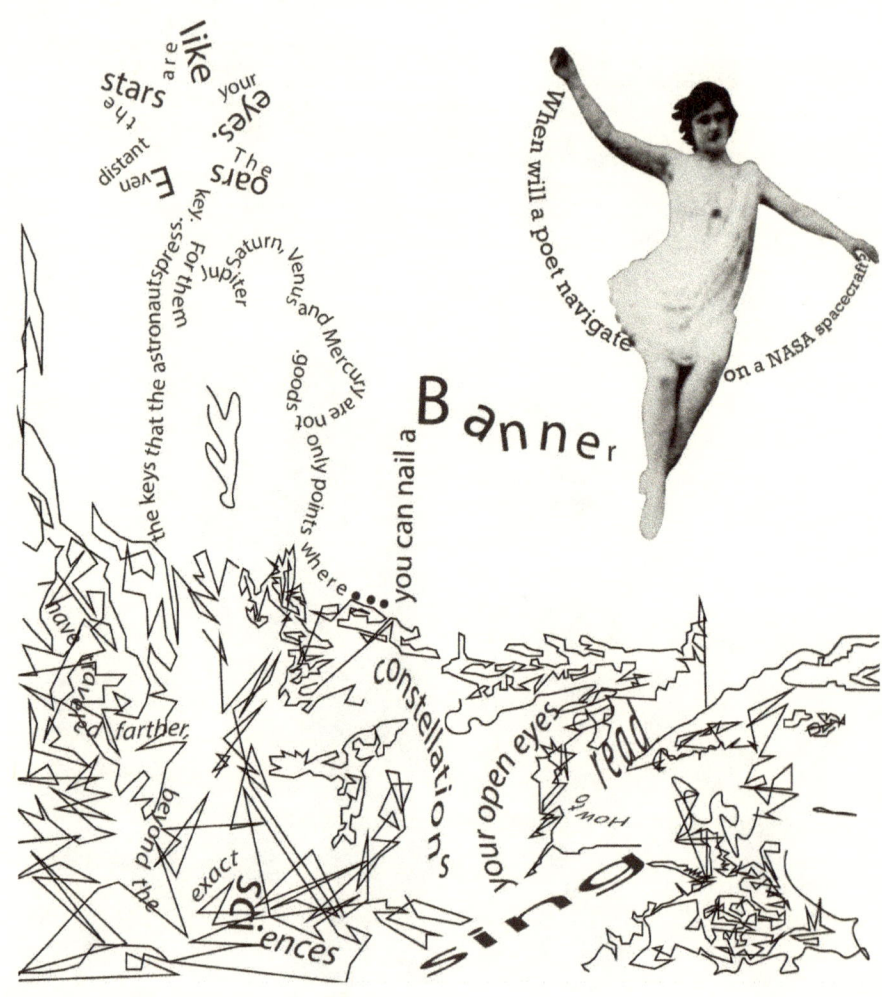

L.I.

GEORGES MÉLIÈS CONQUISTA EL ESPACIO

L.I.

SECTION IV

ITURBIDE PASSAGEWAY

PASAJE ITURBIDE

Who will you be tonight in your eery dream, on the other side of the wall?

J.L. BORGES

¿Quién serás esta noche en el oscuro sueño, del otro lado de su muro?

J.L. BORGES

ANTENNAE

When I ride the subway
in empty or crowded cars
my antennae sometimes tune in the song of the muse.
In other day trips they pick up
the indiscreet talk of goddesses.

On certain rides
while my feet grope
the unstable ground of Olympus
from the wettest platform
from the office in twilight
or from the bleeding alley
I am struck by the cry of a man
       tied to his job
to the fragility of bliss
a target of disease
and of the whims of a faceless god.

His haphazard condition
feeds my verses
       so I dedicate my work to him.

ANTENAS

Cuando viajo en el metro
en vagones vacíos o atestados
mis antenas a veces captan el canto de la musa.
En otras travesías se filtran
indiscretas conversaciones de diosas.

En ciertos viajes
mientras mis pies tantean
el inestable suelo del Olimpo
desde el andén más húmedo
desde la oficina en penumbras
o desde el callejón que sangra
me golpea el grito de un hombre
        maniatado al trabajo
a la fragilidad de la dicha
blanco de enfermedades
y de los caprichos de un dios sin rostro.

Su azarosa condición
alimenta mis versos
        y a él dedico mi obra.

CANE

I also seek salvation
                                        getting out of this cage
from the shackles
              of the endless journey
                                          under the shadow
drafting business documents
correcting speeches
                      phrases without music
anyway
        chopping stones
building monuments
                to the Great Number
to a god without words.

Get me out
        Moses
                Egyptian prince
of this world where ink corrupts.

Don't let this oven
                      keep on suffocating me.

May your cane staff open the door in two
                              to build me a bridge
Moses
        towards the light.

BÁCULO

Yo también busco la salvación
                      salir de esta jaula
de los grilletes
          de la jornada interminable
                                bajo la sombra
redactando documentos comerciales
corrigiendo discursos
                frases sin música
en fin
      picando piedra
construyendo monumentos
                  al Gran Número
a un dios sin palabras.

Sácame
      Moisés
             príncipe egipcio
de este mundo donde la tinta corrompe.

No permitas que este horno
                      me siga asfixiando.

Que tu báculo abra en dos la puerta
                        y me tienda un puente
Moisés
      hacia la luz.

AT NIGHT, GREGOR SAMSA

Every morning
after a restless dream
I awake
	turned into a worker ant.

At night
back to my chamber
I regain my human form
and smash all the bugs
that come out to meet me.

POR LA NOCHE, GREGORIO SAMSA

Cada mañana
después de un sueño intranquilo
despierto
        convertido en hormiga obrera.

Por la noche
de regreso a mi estancia
recobro mi forma humana
y aplasto a todos los bichos
que salen a mi encuentro.

THE LIGHTHOUSE

From the summit
                     I observe
how the red-cheeked ships pass by.
I look at them
                and I think:
they will travel the sea
its curved and blue back.

The eye is a greedy hollow
                       curious
an inexhaustible sphere
with a vessel in its bowels.

I dream of fleeing the immobile island
onboard the ship minted
                           in a coin
and travel from the fist
                   of the banker
up to the open hand of the mother
and from there setting sail to the magic fingers
                              of a child.

But the architect
              traced on my palms
                      another way.
What is this light for
if I can't even touch the arms of the ports?

EL FARO

Desde la cumbre
                observo
cómo pasan las naves de rojas mejillas.
Las miro
                y pienso:
recorrerán el mar
su lomo curvo y azul.

El ojo es un agujero ávido
                        curioso
una esfera inagotable
con un barco en las entrañas.

Sueño con huir de la isla inmóvil
tripular el barco acuñado
                        en una moneda
y viajar desde el puño
                  del banquero
hasta la mano abierta de la madre
y de ahí zarpar a los dedos mágicos
                        del niño.

Pero el arquitecto
            dibujó otra vía
                  en mis palmas.
¿De qué me sirve esta luz
si no alcanzo a rozar los brazos de los puertos?

The ships move forward
                magnificent
                        waving their sails.

They give me a wink
                and continue on their route.

Las naves caminan
          magníficas
                    ondeando el velamen.

Me regalan un guiño
              y siguen su ruta.

ORTHOPEDICS

You walk through Motolinía.

"Are you looking for a key,
a spiritual prosthesis?
Did you lose a childhood memory?
Did they steal your plaster fist,
has your lead leg died?"

ORTHOPEDIC APPLIANCES

"Don't be a motionless puppet.
Walk straight
with a book on your head.
Be a useful piece,
a good screw."

You peek into the shop window:

Behind a desk
an order straightens you up.

ORTOPEDIA

Caminas por Motolinía.

"¿Busca usted una llave
una prótesis espiritual?
¿extravió un recuerdo de infancia?
¿Hurtaron su puño de yeso
murió su pierna de plomo?"

APARATOS ORTOPÉDICOS

"No sea un inmóvil muñeco.
Camine erecto
con un libro en la cabeza.
Sea una pieza útil
un buen tornillo."

Te asomas al escaparate:

Detrás de un escritorio
una orden te endereza la espalda.

The Black Cat Constellation / *La constelación del gato negro*

THE TOWER*

To Helena and Fernando M. Díaz

You listen, on the steps, sharp treads.
They are
      high-heeled shoes.
            Do you hear them?
Motionless
      you dominate the stair cube from the dome.
Now you can see
         although from afar:
               a young woman goes up.
Between the top and the chasm
         she stops on a landing
                of the staircase
she unbuttons her black dress by the front:
a path of buttons opens from the neck
   to her knees.
As a cape brooch
      the top button remains sealed.
Her hands move her outfit to her back
   and they cling to the railing.
The face
     facing the sky
          sheds the mane
                 into the void.
As an impatient and swift angel
          the light polishes nipples
                    belly
     knees
        ankles.

LA TORRE*

A Helena y Fernando M. Díaz

Escuchas, sobre los peldaños, pisadas con filo.
Son zapatos
    ¿escuchas?
        de tacón.
Inmóvil
    dominas el cuadro desde el domo.
Ahora logras ver
    aunque de lejos:
        una joven sube.
Entre la cima y la sima
    se detiene en un descanso
        de la escalinata
desabrocha su vestido negro por el frente:
un camino de botones se abre desde el cuello
    a las rodillas.
Como broche de capa
    el botón más alto permanece sellado.
Las manos desplazan el traje hacia la espalda
    y se aferran al barandal.
El rostro
    de cara al cielo
        arroja la melena
            hacia el vacío.
Ángel impaciente y veloz
    la luz pule pezones
        vientre
    rodillas
        tobillos.

The clarity of her eyes opens:
                              fullness.
You imagine or dream the next
what the drawing does not include:
woman and sun
              fused
                    begin their extinction.
The day treads the gloom.
Shyly
      descend the black wings
      that will soon cover the space.

Atop a niche
              the plaster of the cherub
                                        does not take flight;
it's a closer witness of the act than you.

The cape floats
      the high heels sleep.

*Based on a drawing from the renowned painter Fernando M. Díaz. The image is not included because it is lost.

La claridad de sus ojos se abre:
                              plenitud.
Imaginas o sueñas lo siguiente
lo que no encierra el dibujo:
fundidos
          mujer y sol
                    inician su extinción.
El día pisa la penumbra.
Tímidas
          descienden alas negras
     que en breve cubrirán el espacio.

Sobre un nicho
               el yeso del querubín
                                   no emprende el vuelo;
presencia el acto más cerca que tú.

La capa flota
          las altas zapatillas duermen.

*A partir de un dibujo del reconocido pintor Fernando M. Díaz. La imagen no se incluye por estar perdida.

LUCIANA

I wanted to glimpse in your face
less unfair pupils
lips that sometimes pronounce my name.

I had been told that in the sphere of the universe
          everything is possible
that *dreaming is a second life.*

Then
by a spider's thread I descended into the deepest
          well.
Under the October moon
I went into a gloomy tower.

Nervous
          my feet went up
                    to the last step
until they passed through an ivory or horn door.

There you were, Luciana.
In the dream the date was 1968;
I knew from the dream that you were only five years old.
But Desire chooses its forms:
your image was the current one
mine
          was that of the stone:
a woman of twenty-nine.
On the floor
                    leaning on the wall
of a bedroom as immense as empty
                    you remained almost motionless
          lethargic:

LUCIANA

Quise vislumbrar en tu rostro
pupilas menos injustas
unos labios que a veces pronunciaran mi nombre.

Me habían dicho que en la esfera del universo
       todo era posible
que *el sueño es una segunda vida.*

Entonces
por un hilo de araña descendí al pozo
       más hondo.
Bajo la luna de octubre
me interné en una torre sombría.

Nerviosos
    mis pies subieron
           hasta el último peldaño
hasta cruzar por una puerta de marfil o de cuerno.

Allí estabas, Luciana.
En el sueño la fecha era 1968;
por el sueño supe que tendrías sólo cinco años.
Mas el Deseo elige sus formas:
tu imagen era la actual
la mía
     la de piedra:
la mujer de veintinueve.
En el piso
         recargada en el muro
de una alcoba inmensa de tan vacía
        permanecías casi inmóvil
    aletargada:

Your profile
carried drunkenness like lightning.
You wore a wedding gown with rips
a wing broken by knife or sword.

Like the dead and the newborns
you were barefoot.
"I'm thirsty"
        I confessed
                while chasing your gaze
        as one who seeks the miracle
                      in the eyes of the virgin at the temple.

With her usual haughtiness
                    Luciana replied:
"We could never share neither the water nor the wine;
one of the two is a shadow.
Go away
      this is a tragic night."

She pointed out to me her wax shoes
under the bed
        and ordered:
"Put them on
        only then can you get out
and don't come back
            Never!
I'm sick of purging my nights
                  in your dreams."

El filo de tu rostro
llevaba la embriaguez como un relámpago.
Vestías un traje nupcial con rasgaduras
ala rota por cuchillo o espada.

Como los muertos y los recién nacidos
ibas descalza.
"Tengo sed"
 confesé
  mientras perseguía tu mirada
  como quien busca el milagro
   en los ojos de la virgen del templo.

Con su altivez de siempre
 Luciana respondió:
"Jamás podríamos compartir ni el agua ni el vino;
uno de los dos es una sombra.
Vete
 ésta es una noche trágica."

Me señaló sus zapatos de cera
bajo la cama
 y ordenó:
"Póntelos
 sólo así podrás salir
y no vuelvas más
 ¡nunca!
estoy harta de purgar mis noches
 en tus sueños."

ITURBIDE PASSAGEWAY

Like someone who enters a dream
you immerse yourself in the passage.

The light from the bulbs
barely touches the objects
that the showcase exhibits:

Neptune's fractured head
a clock with paralyzed arms
the wind-up train
and the lips of a doll
that no longer utters your name.

Why does this bazaar make public
these memories?

You blink.

Your childhood boots
illuminated by the sun
are already treading on Bolívar.

PASAJE ITURBIDE

Como quien entra en un sueño
te sumerges en el pasaje.

De las bombillas la luz
apenas toca los objetos
que exhibe el escaparate:

La cabeza con fracturas de Neptuno
aquel reloj con brazos paralíticos
el tren de cuerda
y los labios de la muñeca
que ya no pronuncia tu nombre.

¿Por qué este bazar hace públicos
estos recuerdos?

Parpadeas.

Tus botines de niño
iluminados por el sol
ya pisan Bolívar.

MY FATHER VISITS ME SOME NIGHTS

Always at night, my deceased and I
meet on the corner
of Allende and Donceles
or in the grandparents' lightless dining room
or under the illuminated canopy
of that ruined cinema.

Sometimes he accompanies me
to gatherings in noisy cafes
where he does not drink or participate.
Nevertheless
            his eyes
                    bite
the lips of my friends.

No one notices his presence
no one supposes that he is by my side.

Sometimes we tread on
the threshold of the great hall
and make our way
                breathless
to the shadows that pass
next to us.
Other nights
            I escort my father
who clings to acquiring
a tailcoat or a small sailor suit.
He also seeks
            the mantle and the crown.

MI PADRE ME VISITA ALGUNAS NOCHES

Siempre de noche, mi difunto y yo
nos encontramos en la esquina
de Allende y Donceles
o en el comedor sin luz de los abuelos
o bajo la marquesina iluminada
de aquel cine en ruinas.

A veces me acompaña
a tertulias en ruidosos cafés
donde no bebe ni participa.
Sin embargo
            sus ojos
                    muerden
los labios de mis amigas.

Nadie advierte su presencia
nadie supone que está a mi lado.

En ocasiones pisamos
el umbral del gran vestíbulo
y abrimos paso
            sin aliento
a las sombras que transitan
junto a nosotros.
Otras noches
            yo escolto a mi padre
quien se aferra en adquirir
un frac o un trajecito marinero.
También busca
            la capa y la corona.

From window to window
our weightless feet
wander by López
              Tacuba
                      Moneda.
The journey prevents me from resting
but a son should never contradict
much less to a dead man.

Moments before his return
                          to the cemetery
my father insists on bequeathing me
        small objects
that I can't remember in wakefulness
or he unrolls a map
where his memory confuses the clues.

I know that deep down he seeks reconciliation.
If I gave it to him
            he would go to sleep peacefully
but I would stay waiting for him
night after night
                  on a crossroads
or before an empty pedestal.

De ventanal en ventanal
nuestros pies sin peso
recorren López
   Tacuba
      Moneda.
La travesía me impide el descanso
pero un hijo jamás debe contrariar
mucho menos a un muerto.

Momentos antes de su regreso
      al cementerio
mi padre insiste en heredarme
   pequeños objetos
que no logro recordar en la vigilia
o desenrolla un mapa
en donde su memoria confunde las pistas.

Sé que en el fondo busca la reconciliación.
Si se la diera
   se iría a dormir tranquilamente
y yo me quedaría esperándolo
noche tras noche
     en un crucero
o al pie del pedestal vacío.

NOTES

In *La Dolce Vita*, the quotation mark paraphrases a verse by Alejandra Pizarnik: "Rebellion consists of watching a rose until it pulverizes the eyes."

In Section III *Scenes Included*, haikus I to IV have no specific reference to any particular movie. The set is called "The Monster".

The V, *Sunset Boulevard*, is a scene from Billy Wilder's film of the same name, with Gloria Swanson.

The VI, "Going Down the Stairs," is a scene from Billy Wilder's film *Double Indemnity*, with Barbara Stanwyck.

The VII, *Blow Up*, is about the film of the same name, by Michelangelo Antonioni, with David Hemmings and Vanessa Redgrave.

VIII. The scene, with Margot Robbie, refers to the film of the same name, by Quentin Tarantino.

IX refers to the film *Niagara*, by Henry Hathaway, with Marilyn Monroe.

X, "The Swing," it's a Scarlett Johansson scene for a perfume TV promo.

XI, *Basic Instinct*, describes the well-known scene in Paul Verhoeven's film of the same title, with Sharon Stone and Michael Douglas.

XII is a scene from the film *Elegy*, by Isabel Coixet, with Penélope Cruz and Ben Kingsley.

XIII, *Enemy*, is about the film of the same name, by Denis Villeneuve, based on José Saramago's novel *The Double*.

XIV, *Blade Runner*, is about the film of the same name by Ridley Scott, with Harrison Ford.

XV refers to the film *Planet of the Apes* (1968).

XVI, *2001: A Space Odyssey*, is about the film of the same title, by Stanley Kubrick.

XVII. Scene from the film *And God Created Woman*, directed by Roger Vadim, and played by Brigitte Bardot.

XVIII. About the movie of the same name, directed by Jim Jarmusch.

ILLUSTRATIONS

La Dolce Vita, p.23; "The Black Cat Constellation," p.46, and "Orthopedics," p.109, they are images of the designer and illustrator Renata Contreras Gelinas.

On pp.50 and 51, I retake the visual elaboration on the poem "The Conquest of Space," made by the artist Ana Cristina Espinosa, which was included in my book *Coliseo* (2002).

"George Méliès Conquers Space," pp.90 and 91, are the visual versions in English and Spanish of my poem "The Conquest of Space," drawn by the writer Lucía Izquierdo.

NOTAS

En *La Dolce Vita*, el entrecomillado parafrasea un verso de Alejandra Pizarnik: "La rebelión consiste en mirar una rosa hasta pulverizarse los ojos."

En la sección III *Escenas incluidas*, los haikus I a IV no tienen referencia específica a ninguna película en especial. El conjunto se llama "El monstruo".

El V, *Sunset Boulevard*, es una escena del film del mismo nombre, de Billy Wilder, con Gloria Swanson.

El VI "Bajando por la escalera" es una escena del film *Doble indemnización,* de Billy Wilder, con Barbara Stanwyck.

El VII, *Blow Up*, es sobre la cinta del mismo nombre, de Michelangelo Antonioni, con David Hemmings y Vanessa Redgrave.

El VIII. La escena, con Margot Robbie, se refiere al film del mismo nombre, de Quentin Tarantino.

El IX se refiere a la cinta *Niágara*, de Henry Hathaway, con Marilyn Monroe.

El X, "El columpio", es una escena de Scarlett Johansson para un promocional televisivo de perfumes.

El XI, *Bajos instintos*, describe la conocida escena en la película del mismo título, de Paul Verhoeven, con Sharon Stone y Michael Douglas.

El XII es una escena de la cinta *Elegy*, de Isabel Coixet, con Penélope Cruz y Ben Kingsley.

El XIII, *Enemy*, es sobre la cinta del mismo nombre, de Denis Villeneuve, basado en la novela de José Saramago *El hombre duplicado*.

El XIV, *Blade Runner*, sobre la película del mismo nombre, de Ridley Scott, con Harrison Ford.

El XV se refiere a la película *El planeta de los simios* (1968).

El XVI, *2001: una odisea del espacio*, sobre la cinta del mismo título, de Stanley Kubrick.

El XVII. Escena del film *Y Dios creó a la mujer*, dirigida por Roger Vadim, e interpretada por Brigitte Bardot.

El XVIII. Sobre la película del mismo nombre, dirigida por Jim Jarmusch.

ILUSTRACIONES

La Dolce Vita, p.23; "La constelación del gato negro", p.47, y "Ortopedia", p.109, son imágenes de la diseñadora e ilustradora Renata Contreras Gelinas.

En las pp.50 y 51 retomo la elaboración visual sobre el poema "La conquista del espacio", realizada por la artista Ana Cristina Espinosa, que fue incluida en mi libro *Coliseo* (2002).

"George Méliès conquista el espacio", pp.90 y 91, son las versiones visuales en inglés y español de mi poema "La conquista del espacio", realizadas por la escritora Lucía Izquierdo.

Héctor Carreto

Héctor Carreto was born in Mexico City in 1953 and has a degree in Hispanic Language and Literatures (UNAM). He also studied cinema at the Centro de Capacitación Cinematográfica (CCC).

He has published the following poetry titles: *¿Volver a Ítaca?* (1979), *Naturaleza muerta* (1980), *La espada de san Jorge* (1982), *Habitante de los parques públicos* (1992), *Incubus* (1993), *Antología desordenada* (1996), *Coliseo* (2002), *El poeta regañado por la musa, antología personal* (2006), *Poesía portátil 1979-2006* (2009), *Clase turista* (2012), *Testamento de Clark Kent* (2015), *Picnic* (2017) and *Todo tiempo pasado fue mejor* (2019).

He has been awarded the following national prizes: "Efraín Huerta" (1979), "Raúl Garduño" (1981), "Carlos Pellicer for published work" (1983), and the "2002 Aguascalientes National Poetry Award". He also received the "10th Luis Cernuda Poetry Award 1990," in Seville, Spain.

His poems have been translated into English, French, Italian, Portuguese, and Hungarian. In addition, he has translated and disseminated the work of Portuguese-language authors, and is the author of various thematic anthologies of Mexican and foreign writers.

Member of the National System of Art Creators in various periods, he is a professor-researcher at the Academy of Literary Creation of the Autonomous University of Mexico City (UACM) and in the Faculty of Philosophy and Letters of the UNAM. He also writes mini-fiction.

Héctor Carreto

Nació en la Ciudad de México en 1953. Es licenciado en Lengua y Literaturas Hispánicas (UNAM). También realizó estudios de cine en el Centro de Capacitación Cinematográfica (CCC).

Ha publicado los siguientes títulos de poesía: *¿Volver a Ítaca?* (1979), *Naturaleza muerta* (1980), *La espada de san Jorge* (1982), *Habitante de los parques públicos* (1992), *Incubus* (1993), *Antología desordenada* (1996), *Coliseo* (2002), *El poeta regañado por la musa, antología personal* (2006), *Poesía portátil 1979-2006* (2009), *Clase turista* (2012), *Testamento de Clark Kent* (2015), *Picnic* (2017) y *Todo tiempo pasado fue mejor* (2019).

Ha obtenido los premios nacionales "Efraín Huerta" (1979), "Raúl Garduño" (1981), "Carlos Pellicer para obra publicada" (1983), y el "Premio Nacional de Poesía Aguascalientes 2002". También mereció el "X Premio de Poesía Luis Cernuda 1990", en Sevilla, España.

Sus poemas se han traducido al inglés, francés, italiano, portugués y húngaro. Además, ha traducido y divulgado la obra de autores de lengua portuguesa, y es autor de diversas antologías temáticas de escritores mexicanos y extranjeros.

Miembro del Sistema Nacional de Creadores de Arte en varios periodos, es profesor-investigador de la Academia de Creación Literaria de la Universidad Autónoma de la Ciudad de México (UACM) y de la Facultad de Filosofía y Letras de la UNAM. También escribe microrrelato.

Darklight Publishing

"BRIDGES" BILINGUAL POETRY SERIES /
COLECCIÓN BILINGÜE DE POESÍA "BRIDGES"

1. *In the Fire of Time / En el fuego del tiempo*
María Ángeles Juárez Téllez

2. *Songs of Mute Eagles / Canto de águilas mudas*
Arthur Gatti

3. *Axolotl Constellation / Constelación Axólotl*
Alejandro Reyes Juárez

4. *Trace / Traza*
Iliana Rodríguez

5. *Am I My Brother's Keeper? / ¿Soy el guardián de mi hermano?*
Bernard Block

6. *Postmodern Valladolid / Valladolid posmoderna*
Raúl Casamadrid

7. *The Body's Politics / La política del cuerpo*
Jessica Nooney

8. *Amidst Water and Mud / Entre el agua y el lodo*
Héctor García Moreno

9. *Ritual of Burning Flesh / Ritual de la carne en llamas*
Maribel Arreola Rivas

10. *In Memory of the Kingdom / En memoria del reino*
Baudelio Camarillo

11. *On a Timeless Path / Por un sendero sin tiempo*
Rosario Herrera Guido

12. *The Fresco Technique / La técnica del fresco*
Carlos Santibáñez Andonegui

13. *Wherever the Wind Blows I Will Go / Iré a donde el viento sople*
Peter Blaxill

14. *The Platinum Moon / La luna de platino*
Evie Ivy

15. *In the Margins / Al margen*
Robert Kramer

16. *Syllables on Hold / Sílabas detenidas*
Víctor M. Navarro

17. *Exodus to Genesis / Éxodo al Génesis*
Felix Cardoso

18. *Unknown Words / Palabras desconocidas*
Roberto Mendoza Ayala

19. *The Purest Tears Are Light / El llanto iluminado*
Kristin Robie

www.ingramcontent.com/pod-product-compliance
Lightning Source LLC
LaVergne TN
LVHW041628070426
835507LV00008B/516